DE

L'EMPIRE

ET DE

LA DÉMOCRATIE

PAR

M. ALBERT MAURIN

Ancien rédacteur en chef du *Commerce* et de *la Patrie*.

———

PARIS

CHEZ LEDOYEN, LIBRAIRE

PALAIS-ROYAL, GALERIE D'ORLÉANS, Nº 31.

—

OCTOBRE 1852

IV.

Je veux prouver que l'Empire, dans les conditions où il s'accomplit, est la conséquence logique de la Révolution de Février, la seule issue possible à l'inextricable situation que nous avaient faite les discordes civiles ; qu'il répond aux besoins de réformes, au sentiment public du 24 février ; que toute autre solution du problème de 1852 eût été à la fois la perte de la République et celle de la démocratie, et qu'avec l'Empire, nous conservons intact le principe démocratique, si nous perdons la forme républicaine.

V.

Un des grands reproches qu'on adresse à la Constitution promulguée après le 2 décembre, est l'anéantissement du régime parlementaire.

Ce n'est point cette Constitution qui a clos le règne des assemblées, ce n'est pas le coup d'État qui a tué le parlementarisme ; c'est la Révolution de Février elle-même ou plutôt c'est le roi Louis-Philippe.

L'omnipotence des assemblées délibérantes était au fond du parlementarisme. Depuis la convocation des États-Généraux jusqu'à la fameuse coalition de 1838 (qui se souvient aujourd'hui de la coalition ?) l'histoire des Chambres françaises est l'histoire des empiétements du pouvoir législatif sur le pouvoir exécutif.

A peine réunis, les États-Généraux se proclament Assemblée nationale, sapent par sa base la monarchie, limitent ses attributions, lui disputent le *veto*, et la placent entre l'émigration et l'abdication.

Composée de membres tous étrangers à la Constituante, la Législative recueille cependant toutes les traditions de sa devancière, poursuit son œuvre et prononce la suspension du monarque.

La Convention déclare la déchéance et concentre tous les pouvoirs dans ses comités.

Je ne parlerai point des Cinq-Cents ni des Anciens, institutions bâtardes ; du Tribunat ni du Corps législatif, silencieux devant la dictature nécessitée par les guerres de la coalition.

la nuit le nuage qui couvre un instant le soleil. Beaucoup ont cru, de la meilleure foi du monde, que l'existence de la démocratie était liée à une forme exclusive de gouvernement ; que la plus mauvaise des républiques lui était plus favorable que le meilleur des pouvoirs héréditaires ; que chaque pas vers l'empire était un pas vers le privilége et l'aristocratie. Et tandis que les masses anonymes votaient pour un Bonaparte, des hommes éminents protestaient contre leur propre parti ; si bien qu'en mettant leur nom au bas de cette protestation, ils ont fait à la démocratie un rôle de vaincue, quand la démocratie coulait à pleins bords et triomphait d'un bout à l'autre de la France, non point dans quelques intérêts immédiats et éphémères, mais dans son essence même, dans ses intérêts généraux et immuables.

III.

Il s'en est suivi cette conséquence, que le mouvement irrésistible qui s'était manifesté au 10 décembre 1848, a été méconnu par ceux-là même qu'il entraînait. L'accident a pris la place de la cause, et l'épisode a étouffé l'histoire. Suivant ses craintes, ses espérances, ses sympathies ou ses aversions, chacun de nous a expliqué ce qu'il ne comprenait pas.

Pour les uns, l'élection d'un Bonaparte n'était qu'une protestation contre la République ; pour les autres, une planche de salut sur laquelle la France naufragée se jetait à tout hasard pour sauver l'ordre social ; ceux-ci l'imputaient au sentiment royaliste des masses ; impatientes de restaurer un trône, elles prenaient le seul prince que la Constitution lui permît d'élever à la présidence, afin de se donner, à défaut de la réalité, une ombre de monarchie ; ceux-là l'attribuaient à l'ivresse des souvenirs de la gloire impériale.

Personne n'y voyait l'avénement définitif, la consolidation de la démocratie.

De là, l'anarchie et la contradiction des votes dans l'élection des représentants du peuple, opposées à l'unité de l'élection présidentielle ; de là, tous les déchirements de l'Assemblée législative et le coup d'État du 2 décembre.

Mais une situation étant donnée, c'est tout autre chose. Il faut compter ici avec de grosses réalités.

Quelle était, en 1851, la situation de la France?

Une Assemblée déconsidérée, divisée en trois partis, sans compter les nuances; une majorité de coalition, refusant de restituer le suffrage universel; une échéance redoutable, que les plus intrépides considéraient, sinon avec effroi, du moins avec un profond sentiment d'angoisse; des passions, des antagonismes accumulés, montant, montant sans cesse derrière la digue constitutionnelle qui devait ouvrir ses flancs à un moment donné; la révision, machine de guerre demandée ici au nom de la démocratie frémissante, là au nom de la légitimité et de l'orléanisme; une conspiration parlementaire qui ne prenait plus la peine de se cacher, tournant ses regards vers Claremont ou Frosdorf, allant des Bourbons légitimes aux Bourbons quasi-légitimes, essayant une fusion, intriguant, clabaudant, calomniant, semant la défiance, attisant les haines; et la France, incertaine, épouvantée, cherchant en vain sur les sommets une lueur qui l'éclairât, et n'y découvrant à de longs intervalles que de sinistres éclairs.

Il faut prendre garde de l'oublier : au moment où l'Assemblée a été dissoute par le prince Louis-Napoléon, la majorité était sur le point de s'embarquer dans une aventure contre-révolutionnaire.

Trois solutions étaient possibles en dehors de ce qui a eu lieu :

Une solution monarchique pure par le rappel de la légitimité;

L'avénement d'un membre de la famille d'Orléans;

La défaite des partis royalistes, et l'irruption soudaine, impétueuse, désordonnée, de tous les éléments démocratiques.

Avec la première, nous revenions à 1815;

Avec la seconde, nous revenions à 1830;

Avec la troisième, nous revenions à 1848.

Nous recommencions ou la Restauration, ou le règne des censitaires, ou l'anarchie.

Et qu'on ne dise point qu'éclairés par l'expérience les partis auraient évité les fautes du passé. Je crois à la sincérité des convictions, aux intentions loyales des politiques, à le du bien public, à leur aversion de l'injustice, du privilége, du désordre, à leur sincère croyance dans la liberté et dans le droit commun; mais les partis ne sont pas des individualités, ils sont des partis. Ils ont une âme collective qui se dérobe à toute volonté personnelle, qui se meut dans une région supérieure: ils ont leur pente et leur destinée, et l'expérience de l'homme n'est point faite à leur usage.

X.

Des trois solutions, la démocratie ne pouvait guère s'accommoder que de celle qui l'eût ramenée au 24 février.

Mais s'il se trouve que l'Empire, quatrième solution, soit précisément l'affermissement de ce que Février a produit de vraiment démocratique; s'il se trouve qu'avec l'Empire nous ayons l'œuvre de 1848, moins la guerre civile, moins les discordes intestines, moins le drame, et quel drame! une tragédie dont tous les actes étaient un cinquième acte de larmes, de sang, de désespoir, de proscription et de deuil, avec une Restauration en perspective pour dénouement; si les intérêts qui ont amené la chute des Bourbons sont les mêmes intérêts qui amènent l'avénement des Bonaparte, alors pourquoi regretter de n'avoir pas recommencé 1848?

XI.

Un peuple n'entreprend pas une révolution pour conquérir telle ou telle forme de gouvernement, mais pour faire prévaloir tel ou tel intérêt social que ne satisfait pas le pouvoir actuel. La forme de gouvernement vient ensuite d'elle-même, suivant la nature des intérêts qui ont triomphé.

En 1789, la France réclamait l'égalité et l'unité politiques. Trois classes divisaient sa population, son territoire était partagé en provinces, différant presque toutes entre elles de régime. Les abus, les priviléges dont elle souffrait, provenaient tous de là. Quand elle eut obtenu ces deux grandes réformes, la révolution fut accomplie; tout le reste ne fut plus que questions secondaires, incidents, épisodes. Nos écrivains remplissent aujourd'hui vingt volumes du récit de cette révolution: dans deux siècles, cent pages suffiront pour la raconter. Une monarchie, aussi bien qu'une république, pouvait lui assurer la jouissance de ses conquêtes.

En 1830, une classe riche, puissante, intelligente, arrivée à la vie politique par l'industrie et par le commerce, signifia aux Bourbons de la branche aînée qu'elle entendait avoir une large part dans le gouvernement. Les Bourbons repoussèrent la bourgeoisie, et celle-ci fit une révolution, n'ayant pas d'autre voie pour consolider ses intérêts. L'avénement de Louis–Philippe fut la conséquence et non le but des journées de juillet.

En 1848, voici ce qui s'est passé. La France, travaillée par un immense besoin de réformes, réforme électorale, réforme parlementaire, réforme administrative, réforme de l'impôt, réforme du crédit, réforme de l'instruction publique, réformes à tous les degrés, voyait se dresser devant elle, morne, impassible comme ces statues égyptiennes qui dorment accroupies sur leurs genoux, le génie de la conservation, ou plutôt le génie de l'immobilité. Impatiente de restaurer ses mœurs, d'améliorer ses institutions, elle se débattait dans les liens étroits d'une légalité inerte; un jour, par un effort puissant, elle rompit une maille du réseau, et l'ouvrage entier fut emporté. L'orléanisme avait si peu poussé de racines dans le sol, qu'une seule secousse le rejeta au delà des frontières, et la réforme, longtemps comprimée, déborda avec un bruit de tonnerre.

Remarquons ici, et la chose a son importance, que la révolution de Février n'eut point pour cause virtuelle la liberté de la presse enchaînée, la volonté parlementaire méconnue; car jamais, sous aucun régime, malgré cet épouvantail qu'on appelait les lois de septembre, la presse n'avait joui d'une telle licence; le pamphlet avait ses coudées franches, et la diffamation trouvait un langage allégorique pour remonter impunément jusqu'à la royauté elle-même, ironiquement déclarée inviolable par la Charte. Quant à la Chambre, Louis-Philippe avait pour lui la majorité; comment il l'avait acquise, nous le savons; mais la Constitution à la main, il pouvait prouver qu'il gouvernait constitutionnellement.

J'ai déjà fait le compte du parlementarisme; un seul mot suffira pour la liberté de la presse. Les idées étaient si peu tournées de ce côté, en 1848, que le pouvoir républicain de M. le général Cavaignac put, dans une heure de crise, faire litière de cette liberté et supprimer dix journaux d'un trait de plume. Le vieux roi qui dort à Goritz dans le caveau des Franciscains, avait perdu la couronne pour moins que cela. Ce n'est pas ce qui fit perdre à M. Cavaignac ses chances à la présidence.

XII.

Besoin impérieux de réformes, avénement de la démocratie, abdication politique des censitaires, fatigués eux-mêmes de leur rôle, de la bourgeoisie honteuse de la corruption qui se glissait peu à peu dans ses rangs par les fissures électorales ; et, disons-le aussi, réaction du sentiment national contre le système extérieur du roi Louis-Philippe, tel fut le mouvement de Février.

La République ne vint qu'à la suite ; et la République, qui n'est après tout, théoriquement, que la forme la plus naturelle de la démocratie, se fût, sans nul doute, paisiblement établie en France, s'il n'y avait eu en France ni légitimistes, ni orléanistes, ni républicains ; en d'autres termes, si les passions politiques ne se fussent jetées en travers des intérêts.

XIII.

L'Empire retranche-t-il quelque chose de l'œuvre de Février, de la révolution des *réformistes*, des conquêtes de la démocratie ? Songe-t-il à rétablir le monopole des censitaires, a-t-il conçu le projet de créer des classes privilégiées sous quelque dénomination que ce soit ? Une seule des réformes sérieuses, obtenues depuis 1848 est-elle retirée ou compromise ?

Un instant confisqué par la conspiration royaliste, le suffrage universel a été restauré par le futur empereur. La rente a été convertie, l'intérêt abaissé. L'impôt, cette arche sainte des précédentes monarchies, est entamé ; la brèche est faite, et la réforme y plante son drapeau. La décentralisation administrative est accomplie, et d'ici à cinq ans les départements sauront ce qu'elle leur rapporte ; l'instruction publique a reçu une plus large organisation ; le programme des études commence à répondre aux besoins du siècle ; les travailleurs ont leur part de la sollicitude de l'État, leur condition est moralement relevée par l'exercice des droits politiques, qui ne sont plus le privilége

Cela est si vrai que le lendemain de la révolution de février, si cette révolution avait été bien comprise par les hommes qui l'ont servie à son début, et si ces hommes avaient été au niveau des événements, elle se serait incarnée dans un dictateur. Cela est si vrai que, malgré l'insuffisance de ces hommes, toutes les nuances d'opinion, depuis les républicains socialistes jusqu'aux membres du cercle de la rue de Poitiers, ont essayé de fonder cette dictature.

Il me répugne de citer des noms propres; je respecte le malheur des vaincus de la guerre civile; je ne voudrais blesser aucune susceptibilité par des rapprochements irritants; mais enfin, n'étaient-ils point des embryons de dictateurs, ces chefs de parti que nous avons vus disparaître tour à tour dans la mêlée, que les vagues révolutionnaires ont successivement engloutis, parce qu'aucun n'avait la tête assez haute ni le pied assez ferme? M. Raspail, M. Blanqui, M. Ledru-Rollin, n'étaient-ils pas des dictateurs, au moins dans la pensée de ceux qui les poussaient en avant? M. le général Cavaignac n'a-t-il pas été un instant investi d'une redoutable fonction? Le général Bugeaud ne l'a-t-il pas rêvée dans les provinces du Midi, lorsque par une active correspondance il cherchait à fédérer cinquante départements? M. le général Changarnier n'a-t-il pas été le point de mire et l'espérance d'une opinion?

Alors, quoi d'étonnant que le peuple ait fait et qu'il fasse encore, avec son instinct admirable, ce que les politiques faisaient avec leurs passions, et qu'il ait cherché, lui aussi, à confier ses intérêts à un bras, sa pensée à une intelligence, sa cause à un nom, et qu'il ait choisi l'intelligence la plus élevée, le bras le plus robuste, et le nom le plus retentissant!

IX.

Quand le penseur, dans le recueillement du cabinet, groupe des idées, établit des comparaisons, déduit des conséquences, et travaille enfin sur un de ces êtres de raison qu'on appelle un Principe, sa pensée ne connaît point d'obstacles; il pose son but aussi loin que sa vue peut porter; il pétrit à sa guise les mondes de son imagination. Le peuple hébreu mit quarante années à chercher la terre promise; la terre promise des théoriciens est d'un abord moins difficile.

plein soleil, aux yeux ébahis de la population qui le regarde passer, un gouvernement de hasard court s'installer à l'Hôtel-de-Ville. La garde nationale, il est vrai, prend bientôt les armes pour réintégrer les représentants ; l'œuvre révolutionnaire ne dure que quelques heures ; mais ne fallait-il pas que le mépris du régime parlementaire fût entré bien avant dans les masses pour qu'une pareille tentative eût réussi même quelques minutes.

Jusqu'au 2 décembre 1851, quel enchaînement de faits identiques dans leur tendance, quoique procédant de causes opposées ! Les journées de juin, le pétitionnement pour la retraite de l'Assemblée constituante, qui fut un 15 mai moral ; l'appel aux armes du 13 juin, insurrection de la minorité ; puis enfin la majorité qui s'amoindrit elle-même par la loi du 31 mai en infirmant le caractère des élections, en jetant le soupçon et l'injure au suffrage universel dont elle était sortie.

Les déchirements de la Législative, cette absence de toute dignité, cet oubli du respect de soi, ces discussions forcenées, ces cris de fureur, ces luttes de tribune qui tournaient au pugilat, ces votes confus, ces revirements de majorité, tout ce triste et navrant spectacle d'une Assemblée avilie à ses propres yeux, ne révélaient-ils pas encore la décadence d'une institution qui eut ses jours de grandeur ?

Non, le régime parlementaire n'a pas été confisqué par Louis-Napoléon : il n'existait déjà plus ; nous n'en avions que le simulacre, que le fantôme, que la parodie grotesque. Le régime parlementaire avait été déshonoré en France par Louis-Philippe, et rien ne survit, en France, au déshonneur.

VIII.

En l'absence du parlementarisme ou du gouvernement par les assemblées, deux formes de pouvoir se présentent :

Le droit divin, investi d'une mission supra-naturelle, appuyé sur une aristocratie qui reproduit, à un degré inférieur, le type du pouvoir suprême ;

Le droit populaire, la souveraineté nationale confiant la chose publique à un chef qui résume en lui, par son caractère et son origine, les intérêts de la démocratie.

leur drapeau cette devise commune : « le roi règne et ne gou-
verne pas, » et réduire Louis-Philippe à cette extrémité, qu'en
pleine paix intérieure, quand le pays tout entier, étranger aux
querelles de portefeuilles, ne demandait pas mieux que de se
remettre, au sein du travail, des alertes de 1832 et de 1834, une
société secrète qui ne comptait guère plus de cinq cents affiliés,
faisant soudain irruption dans la rue (12 mai 1839), put croire
un instant qu'elle pourrait renverser la monarchie de Juillet et
s'emparer par surprise d'un peuple de trente-quatre millions de
citoyens.

Éclairé sur les dangers de ce régime, Louis-Philippe, trop
habile pour le combattre plus longtemps de front, à l'exemple de
Charles X, usa de ruse et recourut aux inspirations de son sin-
gulier génie. La Charte le condamnait à subir le joug d'une majorité ; il mit en œuvre toutes les influences *occultes* de son
gouvernement pour corrompre dans sa source même la représentation nationale ; il acheta la Chambre en détail dans les
colléges, et la corruption électorale fut organisée.

VII.

Le parlementarisme ne tarda pas à tomber dans un discrédit
profond ; Louis-Philippe l'avait avili ; la Révolution de 1848,
contre-partie de la Révolution de 1830, le renversa ; elle em-
porta dans ses vagues furieuses le fauteuil de velours des Tuile-
ries et la tribune de marbre du Palais-Bourbon. Chose remar-
quable, la minorité elle-même, cette minorité de gauche,
l'opposition qui avait préparé et provoqué l'explosion populaire, par les banquets réformistes, ne trouva pas grâce non plus
devant les événements : ils lui passèrent par dessus la tête.

On proclama le suffrage universel. Cette fois, du moins, la
représentation émanée de tous, sera respectée de tous. Si le
régime parlementaire, si l'omnipotence d'une assemblée doi-
vent être réhabilités, certes ce sera par cette réunion de légis-
lateurs constituants qui tiennent leur mandat du pays entier.
Que se passe-t-il alors ?

A peine installée, l'Assemblée constituante est de toutes parts
en butte à l'outrage. Elle proclame la République le 4 mai ; dix
jours après son enceinte est violée, ses membres dispersés

Les Bourbons reviennent avec les étrangers ; ils octroient à la France une Charte constitutionnelle, et de peur que la Chambre élective ne le renverse un jour, comme elle a renversé son frère, Louis XVIII lui donne pour base les colléges de censitaires ; il lui refuse l'initiative, se réserve le droit de prorogation et de dissolution.

Or, telle est la force des assemblées, que la première Chambre de la Restauration, exclusivement occupée par les royalistes, faillit dans son zèle monarchique renverser la monarchie même, usurper le gouvernement ; Louis XVIII et M. Decazes durent la dissoudre par le coup d'État du mois de septembre 1816.

De 1816 à 1828, un travail incessant et occulte se fit dans le corps électoral, qui paralysa l'action parlementaire ; la bourgeoisie se constituait peu à peu ; la majorité passait par degrés insensibles de la droite à la gauche ; mais lorsque le libéralisme eut envahi l'assemblée, l'omnipotence élective signifia ses volontés au pouvoir exécutif ; l'adresse des 221 fut son serment du Jeu de paume, et Charles X eut son dix août.

VI.

La Révolution de 1830 fut provoquée par les luttes du trône et du parlement ; le peuple prit les armes pour celui-ci contre celui-là ; le dénouement de cette révolution devait être la consécration immédiate de l'omnipotence parlementaire.

Ce qui ne manqua pas d'arriver. Les Chambres ou plutôt les débris des Chambres, réunis au milieu des barricades, déclarèrent le trône vacant et nommèrent un roi de leur propre puissance, non point en vertu d'un mandat direct et implicite, mais avec la conscience d'un mandat moral que les députés tenaient de la logique des événements.

Dès lors, la monarchie constitutionnelle se vit dans la complète dépendance des assemblées. Coup sur coup, celles-ci firent et défirent les ministères, imposèrent leurs caprices à la couronne, lui prêtèrent ou lui retirèrent leur concours ; le dernier mot de ce système fut la coalition de 1838, où l'on vit des républicains, des libéraux, des doctrinaires, des légitimistes, les amis de M. Garnier-Pagès, de M. Odilon-Barrot, de M. Thiers, de M. Berryer, mettant leur cocarde dans la poche, écrire sur ils vaincus dans cette nouvelle campagne du suffrage universel?

J'en sais deux qui devront l'accepter comme l'expression de leur défaite irrévocable : la Légitimité et l'Orléanisme seront frappés en pleine poitrine par le scrutin de 1852.

Dernière expression du régime féodal, la Légitimité n'a rien à attendre du suffrage universel, qui est sa négation ; organisation vicieuse et anormale des classes moyennes, l'Orléanisme ne saurait exister sans le monopole électoral des censitaires.

Seule, la démocratie pourra proclamer comme sienne la majorité qui fera l'Empire ; car cette majorité se composera, pour les sept huitièmes, des travailleurs des villes et des campagnes, des ouvriers laborieux qui fécondent le sol et qui remplissent l'atelier ; et si la démocratie n'est point là, il faut la rejeter parmi les abstractions métaphysiques : elle n'est plus qu'un être de raison, et la politique ne saurait en tenir compte.

Mais la démocratie existe en France, ou plutôt elle est la France entière, la France émancipée par la révolution de 1789, ne reconnaissant plus dans son sein de castes ni d'inégalités sociales, mais des fonctions diverses, toutes également utiles, toutes également honorées, quand la vertu les accompagne, échelle merveilleuse où se groupent les capacités, sans reconnaître d'autres règles que leur propre aptitude.

Il ne suffit point cependant que la démocratie accomplisse son œuvre, il faut encore qu'elle sache pourquoi elle l'accomplit. Si elle agissait comme une puissance aveugle et fatale, sans avoir conscience d'elle-même, des intérêts égoïstes, des passions étroites pourraient lui ravir le fruit de ses conquêtes, s'attribuer l'action qui lui appartient, et retarder dans une certaine mesure la marche du progrès et de la civilisation.

Or, je le dis avec douleur, dans la confusion des langues, dans le chaos d'opinions et de principes où nous ont plongés quatre années de luttes et de déchirements, les meilleurs esprits se sont égarés, les consciences les plus pures se sont troublées ; comme l'aiguille aimantée dans une atmosphère orageuse, nous avons perdu notre nord ; nos entraînements seuls ont égalé nos perplexités. A voir de trop près les incidents de l'histoire, les regards se troublent, le jugement se fausse ; on prend pour la pente du fleuve le clapotage qui se produit à la surface, et pour

Ce sont ces ignorants et ces sophistes qui ont tour à tour attribué le mouvement national de 1789 aux conspirations de la franc-maçonnerie, la révolution de 1830 aux intrigues du *Comité-directeur*, la révolution de 1848 à je ne sais quel incident de carrefour; qui demain attribueront le vote de huit millions de citoyens à l'aberration des masses, fanatisées par la légende impériale, par l'épopée de Marengo et d'Austerlitz.

J'ai cru découvrir, dans l'examen attentif des faits de mon époque, quelques-uns de ces mystérieux rapports qui lient les événements entre eux comme le ciment lie la pierre, et il m'a semblé que l'heure était bonne pour soumettre à mes concitoyens le fruit de mes réflexions.

Cet écrit, je l'adresse à la démocratie; il procède d'un ardent amour du bien public et d'une raison éclairée par l'étude. Je voudrais épargner une faute à des hommes que j'aime, et servir une cause sacrée, à laquelle l'avenir appartient sans nul doute, qu'il n'est au pouvoir d'aucune puissance humaine d'anéantir, mais qui ne doit pas même avoir d'éclipse momentanée, parce qu'elle est le flambeau de l'humanité.

Je n'ai point l'ambition d'exposer ici un corps de doctrines; le temps manquerait à une œuvre pareille. Les événements semblent avoir emprunté à la vapeur sa force inouïe d'impulsion; il nous faut courir, quand ils volent, sous peine de rester dans l'ornière. Qu'on ne cherche pas non plus dans ces pages de l'enthousiasme et du lyrisme. L'enthousiasme et le lyrisme sont les aphrodisiaques de la politique. Mon seul but est de faire *penser* ceux qui me liront.

II.

L'Empire va se faire. Quand les procès-verbaux des quatre-vingt-six départements, concentrés dans les bureaux du sénat, auront été dépouillés, à côté d'une immense majorité, à côté des sept à huit millions de suffrages donnés au chef actuel de l'État, une minorité posera son chiffre, où quelques milliers de voix protesteront contre la volonté populaire. Le résultat, je le répète, est inexorable, il est inflexible.

Cette minorité, qui la revendiquera? quels partis s'avoueront-

DE
L'EMPIRE

ET DE
LA DÉMOCRATIE

L'Empire, c'est la Révolution organisée.

I.

Un nouveau plébiscite sera soumis dans quelques jours au suffrage universel.

Il s'agira cette fois de savoir si la France entend ou non consolider l'exercice du pouvoir suprême dans les mains de celui qu'elle a choisi à deux reprises pour gouverner la République.

Après le vote du 20 décembre, après l'accueil que le prince Louis-Napoléon a reçu dans son dernier voyage, le résultat du scrutin n'est plus une hypothèse ; toute incertitude est levée ; l'*Empire* sortira des urnes. Personne n'en doute ; les anciens partis sont résignés : républicains, orléanistes, légitimistes, s'ils contestent encore le droit, s'inclinent déjà devant le fait. L'histoire, comme l'océan, a ses courants irrésistibles.

Mais les courants de l'histoire ne sont pas le produit d'une force aveugle ; le hasard ne les règle point. Ils ont leur logique et leur philosophie ; leurs causes et leurs effets s'enchaînent, et ceux-là sont des ignorants ou des sophistes, qui ne voient dans les grandes transformations des sociétés, dans les révolutions, qui renversent ou qui réédifient, que l'heureux complot de quelques esprits, habiles à remuer l'élément populaire, et l'engouement d'une multitude passionnée pour l'erreur.

e la fortune ; matériellement, elle s'améliore par les caisses de prévoyance, par les caisses pour la vieillesse, par l'assainissement obligatoire des logements insalubres dans les villes manufacturières. Le crédit foncier, cette autre irrigation des campagnes, est entré dans une voie nouvelle, féconde, et l'usure hypothécaire est traquée dans ses vieux retranchements.

L'Empire ne fût-il qu'une haute et solide barrière élevée entre l'avenir et les deux dynasties déchues, que la Révolution devrait le saluer encore comme le sauveur de la démocratie ; issu du suffrage universel, héritier et continuateur de la pensée de Février dégagée de toutes ses passions accidentelles, il n'est plus la réaction, mais l'action, et ce mot le définit : *L'Empire c'est la révolution organisée.*

XIV.

Dans la pure région des idées où je me suis placé, si je n'ai eu de paroles amères pour personne, j'ai dû, par le même sentiment, m'abstenir de toute parole flatteuse. Cet écrit n'est point un pamphlet, encore moins une adulation ; il est un *conseil*. Je voudrais qu'un funeste malentendu ne se prolongeât point ; je voudrais que toute équivoque fût dissipée, et que lorsque les légions innombrables de la démocratie s'apprêtent à jeter leur OUI dans l'urne prochaine, quelques hommes que j'estime, que j'honore, parce qu'ils aiment le peuple, n'y missent point leur NON. Leur vote négatif, ils le savent comme moi, serait impuissant à changer un résultat deviné ; on n'arrête point un fleuve avec un caillou, et je ne vois pas de bras qui puisse élever une digue. Mais leur vote négatif serait peut-être de nature à fausser la signification du scrutin, à reproduire l'erreur qui égara tant d'esprits après le 10 décembre, à faire attribuer à la démocratie, dont ils se proclament les amis, une railleuse minorité. La démocratie pouvait être, sans danger pour elle et sans honte, en minorité dans les colléges de censitaires, parce que derrière ces colléges il y avait le peuple tout entier ; mais où voulez-vous donc que la démocratie se réfugie si le suffrage universel n'est pas son expression ?

IMPRIMERIE DE J. CLAYE ET Cᵉ, RUE SAINT-BENOÎT, 7.

www.ingramcontent.com/pod-product-compliance
Lightning Source LLC
Chambersburg PA
CBHW071648030726
47598CB00005B/2049